AF301211

Dieses Buch ist meinem Neffen

Fabio Dethlefs

gewidmet – einem neugierigen, aufgeweckten
Jungen, der die Welt verstehen möchte.

Carsten Dethlefs

Sei frei und sei glücklich

Wirtschaftspolitische Erklärungen für junge Demokraten

Bibliografische Information der Deutschen Nationalbibliothek:
Die Deutsche Nationalbibliothek verzeichnet diese Publikation in der
Deutschen Nationalbibliografie; detaillierte bibliografische Daten sind
im Internet über http://dnb.dnb.de abrufbar.

© *2025   Carsten Dethlefs*

Fotos: Marcus Junge
Layout: Susanne Junge

Verlag: BoD · Books on Demand GmbH, Überseering 33,
*   22297 Hamburg, bod@bod.de*

Druck: Libri Plureos GmbH, Friedensallee 273,
*   22763 Hamburg*

ISBN: 978-3-8192-7847-1

Inhalt

Wer dieses Buch liest, ist bald schlauer als die eigenen Lehrer.

Wenn Ihr Euch fragt, worüber die Erwachsenen immer reden und warum Ihr immer still sein sollt, wenn die Nachrichten im Fernsehen laufen, möchte ich Euch das hier erklären.

In den Nachrichten geht es immer um Wirtschaft und Politik.

Was ist Wirtschaft?

Wirtschaft bedeutet, mit möglichst wenig Mühe ein vorgegebenes Ziel zu erreichen.

Wenn also ein Vogel mit nur ganz wenigen Flügelschlägen hoch in den Baum fliegt, ist er wirtschaftlich. Er teilt sich seine Kraft gut ein. Hinterher hat er dann noch die Energie, von Ast zu Ast zu springen.
Wenn dieser Vogel jeden Tag nur eine Eichel frisst, ist er sparsam. Er handelt wirtschaftlich. Wenn er einen Vorrat angelegt hat, kommt er umso länger damit aus. Er kann gut haushalten.

Ein Eichhörnchen sammelt in der warmen Jahreszeit so viele Nüsse, wie es kann, damit es in der kalten Jahreszeit etwas zum Fressen hat. Das Eichhörnchen legt einen Vorrat für schlechte Zeiten an. Oft sammelt das Eichhörnchen sogar zu viele Nüsse und vergisst, wo es sie vergraben hat. Nur wer gut haushalten kann, kann auch gut wirtschaften und Geld verdienen.

Unternehmen handeln ähnlich. Schließlich wollen die Menschen das ganze Jahr über essen, trinken, reisen oder Auto fahren. Die Unternehmen produzieren diese Sachen.

Unternehmen müssen auch gut wirtschaften. Wenn zum Beispiel eine Gummibärchenfabrik Gummibärchen und andere Dinge herstellt, müssen sie die Zutaten günstig einkaufen und die fertige Süßigkeiten-Tüte teurer an Euch verkaufen.

Mit dem Geld, das sie dann verdient haben, bezahlen sie ihre Mitarbeiter und sich selbst. Die Gummibärchenfabrik möchte schließlich möglichst viel Geld verdienen. Sie kaufen dann noch neue Zutaten ein. Das Geld, was dann noch übrig ist, müssen die Unternehmen versteuern. Steuern sind das Geld, was die Unternehmen an den Staat (beispielsweise Österreich) abgeben müssen.

Der Staat, beispielsweise Deutschland, wird von der Politik geleitet. Die Politik muss sich dann entscheiden,

was sie mit dem Geld von der Gummibärchenfabrik
machen möchte.

Was ist Politik?

Wir leben in einer Demokratie.

In einer Demokratie kann man andere Leute wählen, die
darauf aufpassen, dass die Straßen in Ordnung sind,
Spielplätze und Schwimmbäder gebaut werden. Diese
Menschen nennt man Politiker. Sie leiten unterschiedli-
che Versammlungen. Hier wird entschieden, wofür das
Steuergeld eingesetzt wird.

Die Versammlung nennt man Landtag oder Bundestag.
Der Ministerpräsident ist auf Landesebene derjenige,
der Mehrheiten organisieren muss; im Bundestag hat
der Bundeskanzler diese Aufgabe. Hier werden Gesetze
beschlossen. Die Mehrheit bestimmt Gesetze. Die Gesetze dürfen dem Grundgesetz nicht widersprechen. Das
Grundgesetz sagt, dass die Würde eines jeden Menschen
unantastbar ist. Alle Menschen sind gleich viel wert.

Im Landtag und im Bundestag werden Gesetze gemacht.
Diese Gesetze sagen Menschen und Unternehmen, was
sie tun dürfen und was nicht. Du darfst beispielsweise
keinen anderen Menschen umbringen. Du darfst keinen

anderen Menschen verletzen, wenn er Dich nicht angreift. Du musst immer Deine Steuern bezahlen. In der Stadt darfst Du mit dem Auto nur langsam fahren. Du darfst nicht auf Parkplätzen parken, die für Menschen mit Behinderung gedacht sind. Menschen mit Behinderung benötigen oftmals mehr Platz zum Aussteigen, weil sie zum Beispiel einen Rollstuhl dabeihaben. Ein Gesetz sagt: Du musst zur Schule gehen. Ein anderes Gesetz sagt: Du musst den Müll immer in Mülltonnen schmeißen. Wenn der Müll in der Natur oder auf dem Bürgersteig landet, ist das verboten.

Die Politiker nehmen das Steuergeld, was sie von den Unternehmen (Beispiel: Gummibärchenfabrik) und den arbeitenden Personen (Lehrer, Friseure, Busfahrer und so weiter) bekommen haben, um Polizisten zu bezahlen, Schulen zu reparieren oder neue Lehrer einzustellen.

Nur wenn die Unternehmen viele Dinge verkauft haben, machen sie hohen Gewinn und müssen darauf Steuern zahlen – und dadurch hat die Politik das nötige Geld.

Wenn die Unternehmen zu wenig verkaufen, bekommt die Politik auch weniger Geld und kann nicht so viele Feuerwehrautos kaufen oder Polizisten einstellen.

Die Unternehmen müssen dann auch oft sparen. Um zu sparen, entlassen viele Unternehmen Mitarbeiter. Diese Leute haben erstmal keine Arbeit mehr und können sich

weniger kaufen. Dann verdienen die Unternehmen und
der Staat noch weniger Geld. Das Land befindet sich in
einer Rezession.

Eine Rezession ist schlecht für alle.

Was kann man gegen eine Rezession tun?

Die Politik könnte die Steuern für die Leute senken,
damit sie wieder mehr Geld haben und damit sie wieder
etwas kaufen können. Sie geben dem Staat also weniger
Geld ab. Dadurch können sich die Leute aber mehr bei
den Unternehmen kaufen. Die Unternehmen verdienen
wieder mehr Geld und der Staat bekommt auch wieder
mehr Geld für Schulen, die Eisenbahn oder die Straßen.
Nun müssen die Unternehmen nämlich wieder mehr
Steuern bezahlen. Wenn die Unternehmen wieder mehr
herstellen, brauchen sie wieder mehr Mitarbeiter. Diese
muss die Gummibärchenfabrik bezahlen. Diese Leute
haben wieder mehr Geld und können mehr kaufen. Die
Rezession ist vorbei.

Natürlich können die Menschen das Geld, was sie mehr
bekommen, auch sparen. Dann bekommt der Staat wei-
terhin wenig Geld. Er erhöht die Steuern. Dann versucht
er mit dem Geld Schulen, Straßen und vieles mehr zu
bauen. Die Leute, die hierbei helfen, verdienen wieder

mehr Geld und können sich wieder mehr kaufen. Vielleicht kann man auch so die Rezession beenden.

Der Staat kann auch Schulden machen. Er gibt also mehr aus, als er bekommt. Diese Schulden müssen dann die Kinder zurückbezahlen, wenn sie groß sind.
Wenn der Staat zu viele Schulden hat, kann es zu einer Inflation kommen.

Bei einer Inflation ist das Geld weniger wert. Wenn gestern eine Tafel Schokolade noch zwei Euro gekostet hat, kostet sie heute vielleicht 3 Euro. Auch hier hilft es, die Wirtschaft wieder in Schwung zu bringen. Gleichzeitig muss der Staat sparen, um die Schulden abzubauen. Nach einer bestimmten Zeit geht die Inflation dann zurück.

Du kannst auch selbst Geld verdienen. Entscheide Dich frei, ob Du einen schönen Kuchen backen oder etwas basteln willst. Das kannst Du dann auf dem nächsten Flohmarkt verkaufen. Wenn die Leute viel bei Dir kaufen, gefällt ihnen Dein Angebot und Du kannst das nächste Mal wieder etwas anbieten. Von dem Geld, was Du verdienst, musst Du das Geld abziehen, was die Bastelsachen oder der Kuchenteig gekostet haben. Du musst Dir überlegen, ob Du genug Taschengeld dafür hast. Wenn aber etwas Geld übrigbleibt, wenn Du etwas verkauft hast, bist Du reicher als vorher. Für das Geld kannst Du dann neue Bastelsachen kaufen oder ein Eis mehr essen. Das Spiel beginnt dann von vorne.

Macht es nicht Spaß, Geld zu verdienen? Wenn Du Geld verdienst, weißt Du, dass Du etwas Schönes gemacht hast. Freiwillig gibt Dir niemand Geld. Es muss den Leuten also wirklich gefallen. Du wirst zu Anfang noch keine Steuern bezahlen müssen. Erst wenn Du zwanzigtausend Euro verdienst, musst Du der Politik etwas abgeben. Dann baut der Staat mit Deinem Geld Schwimmbäder, Schulen und Autobahnen.

Wenn Du groß bist, kannst Du auch Aktien kaufen. Eine Aktie ist ein kleines Stück von einem Unternehmen. Die Unternehmen verkaufen Aktien, um Geld zu verdienen. Wenn viele Leute Aktien von einem Unternehmen kaufen, bekommt das Unternehmen viel Geld. Es kann dann

Maschinen und Zutaten kaufen. Wenn das Unternehmen Gewinn macht, werden die Aktien teurer und Du kannst sie zu einem höheren Preis verkaufen. Du hast also Gewinn gemacht.

Stelle Dir vor: Da sind zehn Aktien. Eine Aktie kostet einen Euro. Nun wollen aber zwanzig Leute die zehn Aktien kaufen. Es sind nicht genug Aktien für jeden da. Wer aber unbedingt eine Aktie kaufen möchte, würde sogar zwei Euro dafür ausgeben. Damit wäre eine einzelne Aktie mehr wert. Wenn Du dann Deine Aktie verkaufst, bekommst Du dann auch mehr Geld dafür. Wenn aber fünf Leute ihre Aktien verkaufen und nur drei Leute wollen sie haben, sinkt der Preis für eine Aktie. Wenn Du sie dann verkaufst, machst Du Verlust. Du bekommst also weniger Geld für Deine Aktie.

Woher kommt das Geld?

Das Geld wird von einer Zentralbank an die Bank bei Dir in der Nähe ausgegeben. Dann leihen sich andere Banken bei dieser Bank Geld und verleihen es an andere. Für jeden Cent, den die Bank verleiht, bekommt sie von der anderen Bank zusätzlich Geld. Dieses Geld nennt man Zinsen. Geld hat auch seinen Preis.

Du kannst Dir auch selbst Geld bei einer Bank leihen. Das tust Du, wenn Du ein Haus bauen willst oder Dir ein neues Auto kaufst. Dafür musst Du das Geld dann teurer wieder zurückgeben. Du musst nicht alles auf einmal zurückbezahlen. Du bezahlst einfach jeden Monat ein bisschen zurück. So etwas nennt man Kredit. Die Zahlungen jeden Monat heißen Raten. Die Raten jeden Monat müssen niedriger sein als Dein Einkommen. Sonst machst Du noch mehr Schulden und kannst gar nichts mehr einkaufen. Wenn Du zu viele Schulden hast, verkauft Dir niemand mehr etwas. Die anderen haben dann Angst, dass sie ihr Geld von Dir nicht bekommen.

Jedes Land hat sein eigenes Geld und kann dadurch auch mit anderen Ländern Handel treiben.

Was ist Welthandel?

Es sind nicht nur Menschen, die Sachen kaufen oder verkaufen. Auch Länder kaufen und verkaufen Sachen. Ein Land hat zum Beispiel Öl. Es hat so viel Öl, dass es etwas davon verkaufen kann. Wenn also ein Land aus Arabien Öl an Deutschland verkauft, verdient das Land aus Arabien Geld. Deutschland kann diesem arabischen Land dafür Autos verkaufen. Die beiden Staaten treiben Handel.

Wer Handel treibt, muss keine Kriege führen. Man bekommt die Güter aus dem anderen Land auch ohne Gewalt. Man gibt dann nur die Sachen an das andere Land, die es nicht selbst hat.

Wenn Du Sachen an das andere Land verkaufen willst, die das Land selbst hat, dann müssen Deine Sachen entweder besser oder billiger sein. Dagegen kann das andere Land Zölle erheben. Bei Zöllen muss das verkaufende Land zusätzlich Geld an das andere Land bezahlen. Die verkauften Produkte werden im anderen Land teurer, und weniger Leute kaufen sie dort.

Zölle stören also den freien Handel.

Das ist schlecht für alle Länder. Daher hoffen wir, dass die Leute in allen Ländern Parteien wählen, die keine Zölle wollen. Dann geht es auch freier und friedlicher auf der Welt zu.

Demokratie

In einer Demokratie gibt es unterschiedliche Parteien. Auch Du hast die Freiheit, Dich einer Partei anzuschließen oder selbst eine zu gründen. Diese Parteien passen auf, dass im Land alles in Ordnung ist und alles ruhig verläuft, die Menschen Geld verdienen und man friedlich mit den anderen Ländern wie Frankreich, Belgien oder Österreich zusammenleben kann. Alle vier Jahre können sich die Leute in Deinem Land eine Partei aussuchen. Diese Partei kreuzen sie dann auf dem Stimmzettel an. Die Partei, welche die meisten Kreuze bekommt, hat die Wahl gewonnen. Die Gewinnerpartei darf die meisten Politiker ins Parlament schicken. Alle anderen Parteien dürfen weniger Politiker ins Parlament schicken. Diese Politiker nennt man Abgeordnete.

Im Parlament wird darüber abgestimmt, wie hoch die Steuern sein sollen und was mit dem Steuergeld gemacht werden soll. Hier haben Parteien ganz unterschiedliche Ideen. Eine Partei möchte mit dem Geld vielleicht die Steuern senken, andere Parteien möchten mit dem Geld Panzer bauen und wieder andere möchten vor allem den armen Leuten das Geld geben. Die Partei mit den meisten Abgeordneten gewinnt bei Abstimmungen.

Die Parteien versuchen über Zeitungen, Instagram, TikTok, Facebook oder das Fernsehen andere Leute davon zu überzeugen, dass ihre Partei besser ist als andere. Internet, Fernsehen, Radio, Zeitungen und TikTok nennt man Medien.

Aber Vorsicht: Nicht alles, was diese Medien sagen, stimmt wirklich. Dann musst Du gut überlegen, ob Du es glaubst. Am besten, Du sprichst noch mit anderen

Leuten darüber. Man muss sich bei einer Wahl tatsächlich überlegen, wen man wählt.

Oft ist es so, dass zwei Parteien auf einmal regieren müssen. Sonst hat eine Partei zu wenig Stimmen. Man muss immer mehr als die Hälfte der Stimmen haben. Wenn man weniger Stimmen hat, kann man nicht beschließen, dass mehr Schulen gebaut werden. Wenn die anderen Parteien nämlich etwas Anderes wollen, muss man mit ihnen streiten. Man muss versuchen, sie mit Argumenten zu überzeugen. Die Parteien müssen sich darüber einigen, was sie machen wollen. Sie haben die Freiheit, unterschiedliche Dinge zu fordern. Der Streit findet in einer Versammlung statt. Diese Versammlung heißt Bundestag. Der Vorsitzende dieser Versammlung heißt Bundeskanzler. Er passt auf, dass der Streit fair ist.

Dies ist die Liste der deutschen Bundeskanzler:

Amtszeit	Bundeskanzler
1949 – 1963	Konrad Adenauer
1963 – 1966	Ludwig Erhard
1966 – 1969	Kurt Georg Kiesinger
1969 – 1974	Willy Brandt
1974 – 1982	Helmut Schmidt
1982 – 1998	Helmut Kohl
1998 – 2005	Gerhard Schröder
2005 – 2021	Angela Merkel
2021 – 2025	Olaf Scholz
seit 2025	Friedrich Merz

Vielleicht entscheiden die Parteien, dass man ein Jahr länger zur Schule gehen muss. Wenn Du das nicht willst, musst Du oder müssen Deine Eltern eine andere Partei wählen. Dann gibt es bestimmt eine Partei, die will, dass Du kein Auto mehr fährst. Vielleicht will diese Partei sogar, dass es keine Autos mehr gibt. Auch hier musst Du überlegen, was Du machen willst. Jeder Mensch hat nur eine Stimme bei der Wahl. Du weißt nicht, was die anderen wollen und wählen. Sie müssen es Dir nicht erzählen. Auch Du musst es niemandem erzählen, was Du wählst. Es darf Dich auch niemand dazu zwingen. Darum ist es oft eine Überraschung, wie eine Wahl ausgeht.

Es gibt aber auch Parteien, die den Leuten Angst machen, um Stimmen zu bekommen. Sie sagen zum Beispiel: „Alle Türken sind gefährlich. Alle Menschen aus Afrika sind Diebe." Diesen Parteien sollte man nicht glauben. Es sind niemals alle Leute aus einem Land gefährlich oder Diebe. Lass Dir keinen Blödsinn erzählen. Diese Parteien möchten nur Deine Freiheit einschränken oder mehr Polizisten einstellen. Hab keine Angst vor Menschen aus anderen Ländern. Auch in anderen Ländern gibt es viele Kinder.

Die Abgeordneten aller Parteien möchten natürlich auch Geld verdienen. Wenn sie gewählt sind, verdienen sie schließlich Geld. Dieses kommt aus den Steuern, die fast jeder bezahlt.

Zu einer Demokratie gehört auch, dass Du Dich frei in Vereinen betätigen kannst. Vielleicht möchtest auch Du in der Kirche helfen oder selbst einen Verein gründen.

Diktatur

Das Gegenteil von einer Demokratie ist eine Diktatur. In einer Diktatur sagen Dir andere Leute, was Du tun sollst. Sie sagen Dir, in welche Vereine Du gehen darfst, welche Bücher Du lesen darfst und was Du im Fernsehen anschauen darfst. Eine Diktatur ist gefährlich. Der

Staat kann auch von Dir verlangen, dass Du schlimme Dinge tust. Beispielsweise kann der Staat Dich zwingen, auf andere Menschen zu schießen und diese zu verletzen oder sogar zu töten. Darum hilf der Demokratie, so gut Du kannst. Engagiere Dich, so vielfältig Du kannst.

Der Wert der Freiheit

Nun hast Du dieses Buch gelesen und bist bestimmt etwas schlauer geworden. Wichtig ist, dass man die Freiheit, die man hat, gut nutzt und verteidigt. Es gibt immer Menschen, die die Freiheit des Einzelnen einschränken wollen. Sei Du deshalb schlau und lasse Dir keinen Blödsinn erzählen. Die Dinge, die in diesem Buch stehen, gelten auf der ganzen Welt.

Geld verdienen will jeder. In der Politik bestimmen wollen auch fast alle. Du verstehst jetzt aber ihre Absichten und erkennst ihre Handlungen.

Gib Dein Wissen auch gern weiter. Wenn alle Leute so schlau sind wie Du, kann man auf der Erde in Frieden leben. Du kannst frei denken und frei handeln, solange Du niemand Anderen gefährdest.

Also lass uns die Freiheit genießen! Du bist jetzt auch schlauer als einige Politiker.

Der Autor

Carsten Dethlefs ist im Jahr 1980 geboren. Er ist studierter Kaufmann und hat sogar eine Doktorarbeit geschrieben.

Carsten Dethlefs hat schon viele Bücher geschrieben. In diesen Büchern bemüht er sich, über Politik und Gesellschaft aufzuklären. Sein Ziel ist, selbstständig denkende und kritische Bürger zu fördern und diese vor Manipulation zu schützen.

Carsten Dethlefs ist seit seinem vierten Lebensjahr blind und weiß, wie wichtig Toleranz ist. Er möchte zeigen, dass auch Menschen mit Behinderung etwas leisten können.